Art Laurin
Deutsche Lyrik

Art Laurin

Deutsche Lyrik

2024

Es ist zum Teil meine Lebensgeschichte

Impressum

Bibliografische Information der
Deutschen Nationalbibliothek:
Die Deutsche Nationalbibliothek verzeichnet diese
Publikation in der Deutschen Nationalbibliografie;
detaillierte bibliografische Daten sind im Internet
über http://dnb.dnb.de abrufbar.

Die automatisierte Analyse des Werkes, um daraus
Informationen insbesondere über Muster, Trends und
Korrelationen gemäß §44b UrhG („Text und Data Mining")
zu gewinnen, ist untersagt.

© 2024 Art Laurin

Verlag: BoD • Books on Demand GmbH, In de Tarpen 42,
22848 Norderstedt
Druck: Libri Plureos GmbH, Friedensallee 273, 22763 Hamburg

ISBN: 978-3-7597-3584-3

Inhaltsverzeichnis

Kapitel 1

Die Welt

Wie die Welt ist …. kann ich nicht sagen.

Auch wie sie sein muss,
ist kaum zu hinterfragen.
Dasein ist wie ein Fluss
von Wellen weitergetragen.
Manchmal bitterer Genuss
Hoffnungen zu beklagen.

Bisweilen süßerer Kuss
Erfüllungen bei zu tragen.
Jede Welle einig Gruß
in Tropfen fortgetragen
vereint zu einem Fluss
ohne das Ufer anzuklagen.

Des Landes Ufer ist im Fluss
so wir den Tropfen dazu befragen,
doch Wasser zu strömend Guss,
wenn die Sicht vom Ufer getragen.

So gesehen ist alles im Geschehen,
egal von wo wir die Welt besehen.
Drum wie sie ist kann ich nicht sagen,
wir sollten Ufer und Wasser befragen!

Ein großer Haufen kleiner Kieselsteine, ist noch lange kein Kieselweg

@ 2024 Art Laurin

Kapitel 2

Katz und Maus

Einst wie Katz und Maus
zur nächtlichen Stunde
sitzt zum Schmaus
zur Frühstücksrunde
an einem gedeckten Tisch
mit warmen Kaffee frisch
und Aufschnitt, Salat Gemisch
eine kleine Menschenrunde
um zu hören diese Kunde:

Einst war eine Katz
mit Maus im Munde
sah des Tellers Schatz
ein Huhn in Tellers Runde
die Katz dachte -was nun
was soll ich mit der Maus tun
die Katz statt Maus, nicht faul
nahm nachts das Huhn ins Maul

An diesem Morgen dann geschah
... man im Teller eine Maus sah
das Huhn war verschwunden
auch mit Katz in jenen Stunden

Und die Moral dieser paar Worte
zu tauschen an jedem Orte
gibt es eine Geschichte klein
erzählt nur für uns allein

Gedichte vom Kolk

Mit Polizei und Martinshörner,
war der ganze Kolk umstellt.
Gesucht wurde unter anderem ferner,
Gerd in dieser kleinen Welt.

Kaum gesichtet – eingekreist - gefangen,
so sprang Gerd mutig ins Gewässer.
Bald darauf im Rettungsring gehangen,
sein Sprung machte es nicht besser.

Polizei schrie - sofort die Fessel,
Gerd verzweifelt - wurde blasser
wollte raus aus diesem Kessel
und sprang nochmal ins Wasser.

Erneut gefangen erschöpft ermattet,
sofort abtransportiert von hier.
Die Rückkehr wurde ihm gestattet,
hoffentlich war es sein letztes Bier!

Die Moral von diesem Gedicht,
besser man springt nicht ins Gewässer
mit einem Bierglas im Gesicht
das Sein wird nicht trocken - nur nässer.

Schwimmen kann man immer,
auch springen durchs Leben
untergehen sollte man nimmer,
sondern nach Fruchtsaft streben.

Der Angler!

Von der Rolle bis zur Fliege
über Ösen und Gewichte,
ausgewogen in Hand und Wiege
ein Angler mit der Rute fischte!

Ist der Schwimmer ausgewogen
und die Köder gut genug,
sind die Schwärme nicht verflogen,
stehen sie an Heck und Bug?

In der Nacht bis morgens helle,
manchmal hat was angebissen,
wartet Angler an seiner Stelle
verdammt, die Leine ist zerrissen.

In der Stille und bedacht
schlingt er eine neue Acht,
mit der Leine Haken dran
geht es weiter - der Wurf getan.

Hin und wieder ab und an
trimmt er einen Fisch heran
und vom Köcher über die Wanne,
landet Fischlein in der Pfanne.

Und die Moral von diesem Gedicht.
Die Rute nicht die Leine bricht.
Die Leine kann durchaus Zerreißen,
Glück ist es wenn beide Mäuler beißen!

Plötzie, das Ungeheuer vom Kolk

Es ist kein Anglerlatein.
Was geschah im Mondesschein?
Es wurde nachts gesehen.
Plötzie war am Auferstehen!

Des Wassers Gicht am Schäumen.
Ein Untier aus kühnsten Träumen
brachte das Boot zum wanken,
am vibrieren Mast und Planken!

Länger als Boot und Mann,
Flossen, Maul mir wird bang.
Wasser geteilt mit einem Schlage,
kein Angler sich zu fischen wage.

Aus Meerestiefen dunklem Keller
mit Augen so groß wie Teller,
kam Plötzie kurz hervorgeschnellt
um zu erschrecken diese Welt.

Was ist wahr was gelogen,
ehrlich Planken haben sich verbogen.
Oder war es ein riesiger Waller,
ihn zu fangen ein Riesenknaller!

Berliner Hundehaufen

Ich kam nach Berlin und rutschte aus, oh Graus, nicht auf einer Bananenschale, Nein es war ein Hundehaufen. Diesen Hundehaufen, es müssen Hunderttausend sein, begegnete ich jeden Tag, zu jeder Uhrzeit und an jeder Ecke, auf jedem Bürgersteig, tja sogar in den U-Bahnhöfen.

Berliner Luft in Dosen, ich möchte nicht wissen was in diesen Dosen ist.
Begehrt bei Touristen die aus aller Welt nach Berlin kommen. Ich hoffe nicht, dass der Hundekot darin entsorgt wird. Was eigentlich nicht sein kann, denn ich beobachtete mehrere Hundehaufen, die wochenlang immer am selben Ort lagen und je nach Witterung hart wurden oder weich bei Regen blieben. Viele Berliner gehen sehr geschickt um diese Haufen herum, was mir als Zugereister fast unmöglich erschien. Denn Übung im Slalom laufen um die Hundescheiße herum hatte ich als Neuberliner nicht. So sorgsam, liebevoll und bedacht wie heimische Berliner und Berlinerinnen die Hundehaufen umrundeten kam bei mir der Eindruck auf, die Berliner lieben Ihren Hundekot.

Auch sind sie sorgsam darauf bedacht das immer neue und frische Haufen zu sehen sind und der Pinselstrich der Hundescheiße sich täglich verändert und erneuert.
Das hat Kultur von Scheiße, im rot-grünen Regenbogen kreiert, wenn man die Haufen mit der Zeit betrachtet und das hat auch künstlerischen Charakter. Kein Haufen gleicht dem Anderen. Form und Farbe unterscheiden sich von gut angehäuft, mehr rund oder spitz gezogen, manchmal abgeflacht sind sie klein wie groß zu finden. Farblich von hellbraun, beige bis dunkelbraun glänzend. Auch die Konsistenz ist unterschiedlich von weich bis hart. Am

Härtesten sind sie im Winter wenn Frost ist. Dann kleben sie
hart am Boden und wenn man nicht aufpasst kann man,
wenn man darüber stolpert, hinfallen. Was besser ist kann
ich nicht beurteilen, reintreten und ausrutschen wie auf
einer Bananenschale oder darüber stolpern.

Die Stadtreinigung versagt bei der fortlaufen liebevollen
Erneuerung der Hundehaufen von Berliner grünen oder
braunen Hundehaltern. Es ist ein Irrtum zu glauben Berliner
lieben Ihre Stadt, sie lieben lediglich ihre Hunde und
Hundehaufen. Die immer wieder an strategischen Punkten
wie Tretminen hingelegt werden auf den bundesdeutschen
Bürgersteig oder in Ecken geschützt wo kein Regen
hinkommt, der Gestank aber bleibt, sowie die Rein Tritt - und
Aus-rutsch Gefahr. Ich denke das Geheimnis der Berliner Luft
ist der Gestank an dem man sich erst gewöhnen muss. Nach
10 Jahren in Berlin ist es mir gelungen die Hundehaufen als
künstlerischen Aspekt zu betrachten. Auf Grund der Vielfalt
und Formen sowie farblicher Gestaltung.
Ich bin zu der Überzeugung gekommen Berlin wäre nicht
Berlin gäbe es nicht hunderttausende von Hundehaufen und
das jeden Tag in der Stadt, die wie ein Pinselstrich auf der
Leinwand am Boden verbleiben für die Nachwelt oder
verträumte Passanten.
Entsorgt werden sie selten, meist breitgetreten oder vom
Regen weggewaschen. Das liebe Leser hat Kultur von
Multikulturalität, denn es sind alle Hunderassen vertreten.
Was wäre Berlin wohl ohne Hunde, denke recht farblos und
steril. Besucher die Berlin sehen wollen, kommen nicht
wegen den Hundehaufen liebe Leser, sondern nur wegen den
Hundehaltern aus der Vergangenheit, als der deutsche
Schäferhund noch bellte und biss, sowie der jetzigen Zeit um
zu sehen was hinterlassen wurde und neu hinterlassen wird.
So ist es mit Hunden und Geschichte beides hinterlässt was.
.....

Gut und Böse

Loge oder Bühne
Schuld oder Sühne
kalt oder warm
reich oder arm
Berg oder Tal
Freude oder Qual
Meer oder Quelle
Himmel oder Hölle
Ruhe oder Beben
Tod oder Leben
Liebe oder Hass
Ernst oder Spaß
Luft oder Stein
Zusammen oder Allein
grade oder gebogen
Wahrheit oder gelogen
Frieden oder Krieg
Verloren oder Sieg
blind oder sehen
taub oder verstehen
oben oder unten
Minuten oder Sekunden
Jetzt oder Ewigkeit
gefangen oder Freiheit
Minus oder Plus
wann
ist
Schluss

Ich hatte lange überlegt, ob ich dieses Gedicht, vor über 20
Jahren geschrieben - Anlass Irak-Krieg – in diesem Buch
veröffentliche. Ich hatte als Kind jeden Tag in der Tagesschau
nur Krieg gesehen, ab 1960 nach dem II. WK.
Mein Erzeuger wurde Mauerschütze, mein Stiefvater war
Fremdenlegionär und ich musste jeden Tag die Tagesschau
um Acht sehen, danach ins Bett.
Ihr wisst nicht was ihr 10-Jährigen Kindern antut.
Aus aktuellen Anlässen entschied ich mich dafür.

Rassismus Nationalismus!

Ist es das Vater- oder Mutterland?
Jeder hat eine Fahne in der Hand!
Denn wir sind es die urteilen,
entscheiden, wer darf wo verweilen.

Ob braun schwarz oder mit Geld,
vielleicht gehört allen diese Welt.
Nur Banner tragen eine Ideologie,
Einigkeit Recht wann wo wie?

Sind es nicht wir die verdammen,
dass woher wir nicht stammen?
Schwarz Rot Gelb oder Sternenflagge,
wann beginnt es ist meine Frage.

Die Andersartigkeit lässt uns fürchten,
Verfolgung dann die Menschen flüchten.
Rassismus, Nationalismus beginnt dann,
wenn nicht gelernt als Geschichte verrann.

Schon eine Nationalhymne mit Gesang,
ein teuflischer Vorbote mir wird bang.
Steh stramm, Auge auf, hab Acht,

der Stolz schreit nur mit Macht!!
Wer gehört zu den Lieben und Netten?
Jeder ist Rassist da möchte ich wetten.
Schon wenn ich sage DU Emigrant,
verdamme ich dich aus einem Land.

Kinder erst die schreien und klagen,
Erwachsene dann die Ideologien tragen.
Nationalismus nur 1933 ein Weltensturm,
nein nur geteilt der Höllenwurm.

Der immer weiter lebt,
bis wieder die Erde bebt.
Was ist gut was böse,
ein Genie der das löse.

Ab 1. April 1959

Glotze Fernseher Flimmerkiste,
davor Sessel Sofa Kissen,
auf dem Tisch die Sendeliste
und Schalen gefüllt mit Süßem
RTL, SAT1, PRO SIEBEN,
Zigaretten, Cola, Bier ...
für uns kaum Zeit geblieben,
gefangen durch der Augen Gier!

Schalte um es ist Halb Acht
Ein Knöpfchen mit immenser Macht!

Der Soldat einer Mutter!

Erst ein Kind,
dann ein Mann.
Um dann geschwind
in Banners Bann,
zur Front zu gehen.

Abgenabelt, verwundbar
seinen Mann zu stehen.
Um Elend unsagbar,
Tod und Blut zu sehen.

Seine Mutter zu vergessen,
die ihn einst geboren,
von Gewalt besessen
zum Brudermord erkoren.

Sein Gegner ein Kind,
geworden zum Mann.
Um auch geschwind,
in Banners anderen Bann
sich gegenüber zu stehen.

Und beide Mütter weinen,
ihr Leben wird vergehen,
da Frieden nicht im Reinen,
kann Krieg sich erhalten,
im Banner der Gewalten!

Der kleine Junge!

Es war einmal ein kleiner Junge, der auszog die Welt zu
erobern, mit all seinen kleinen oder großen Wünschen,
Hoffnungen und Träumen!

So begann meine Geschichte - Jahre später:
„Ich war einmal - was ist geblieben?
Wo bin ich geblieben? Was, wer hat mich vertrieben?
Haben nicht Menschen mich dazu getrieben mich zu
verstecken hinter meinen Mauern, die ich baute um nicht zu
sehen, dass manche Träume vergehen und Hoffnungen
sterben um nicht zuletzt einen kleinen Schatz zu erben oder
wie viele einfach nur einsam zu sterben?
Schon bei Geburt ist alles geschehen, mein Schicksal ist das
von Milliarden seit Menschengedenken. Ich bin Flüchtling,
missbrauchtes und misshandeltes Kind.

Ich wollte Liebe und erntete fast den Tod, ich wollte leben
und erntete Schmerzen, im Herzen meiner Hoffnungen,
Träume und Wünsche.
Jeder Bürger ist als Mensch geboren um zu wachsen, zu
träumen, zu hoffen, zu wünschen, zu lachen, zu lernen und
um auch zu zweifeln, zu verzweifeln, ohnmächtig zu sein, zu
fragen was ist gewesen. was ist geschehen, was geschieht,
was wird geschehen, um dann später zu sagen:
„Ich zog aus als kleines Junge und habe viel erlebt und
gesehen im Leben und es ist wie es ist, mal schön, lustig,
traurig, es gehört dazu, denn würden wir nur Glück
empfinden, könnten wir das Unglück nicht spüren, ohne
Trauer keine Freude, ohne Macht keine Ohnmacht!"
Als Kind dachte ich: „später, ja später."
Doch wann ist später, denn es kann manchmal passieren,
dass später, zu spät ist!

Schon meine Geburt 1953 im Mauerschützen Staat war
schon zu spät. In dem Jahr rollten Panzer durch Berlin.

Phönix

Phönix ist x Jahre jung
oder alt die kalte Asche.
Ist es nicht wie ein Sprung,
aus einer leeren Flasche?

Ein Chaos von Geburt die Jahre,
aus dem wir uns erheben.
Selbst noch mit ergrautem Haare
frei zu fliegen um zu leben.

Ist der Phönix nicht ein Ort,
der ohne Wissen in uns ist?
Die Hoffnung trägt ihn fort
und mit eine Lebensfrist.

Die aber ist uns gegeben,
um hier und jetzt zu leben.
Aus der Asche sich zu erheben,
mutig zu fliegen mit dem Leben.

Nicht in Höhen aus der wir stürzen,
nicht in Tiefen die das Dasein kürzen.
Drum Vogel flieg bleib ewig jung
und nicht gefangen in Erinnerung!

Flieg frei – wie jeder weis,
ist die Asche mal kalt mal heiß,
aber nie ganz verglüht,
so lange die Hoffnung blüht!

Das Fenster!

Viele Fenster am Haus
um die Sonne zu sehen.
Und Augen schauen hinaus
um die Welt zu verstehen.

Vorbei gehen Passanten in Eile,
verdeckt durch Gardinen zu sehen.
Gespiegelt, Gemurmel eine Weile,
in der Scheibe kaum zu verstehen.

Das Fenster wie ein Gitter
zwischen Welt und Zimmer
der Hast zeitloses Gewitter,
stille Bewegung wie immer.

Gespiegelt in der Scheibe,
das Zimmer und die Wand.
Ein Uhrwerk tickt leise
der Zeiger auf 12 am Rand.

Die Scheibe durchsichtig, klar,
die Augen nicht zu erkennen,
da Zeit berechnet durchs Jahr
um durch die Welt zu rennen.

Gespiegelt in der Scheibe,
ohne uns selbst zu sehen.
Wo ist sie, unsere Bleibe?
Zersplittert um zu vergehen?

Frühlingserwachen!

Vögellieder am Morgen
dann wenn sie begonnen
im Aufgang verborgen
erklingen die Wonnen.

Mit Sonne und Lieder
sanft wie Luft und Reif
schwingendes Gefieder
und trillerndes Gepfeif.

Die Wälder im Erwachen
sanft schwingender Zweige
im Wind leise zu lachen
eine virtuos klingende Geige.

Naturdüfte wie Schwingen
aus Erde sich erheben
Aromen, Farben erklingen
die Symphonien zum Leben.

Schwingen zum Norden
mit Lachen zum Süden
im Ost rötlichen Morgen
westlichen Kreis zu fügen!
auf dieser Erde

Der Regenschirm!

Auf nassen Bürgersteigen
gedämpfte Schritte verhallen.
Den Kopf leicht zu neigen,
wenn Regentropfen fallen.

Den Mantelkragen erhoben,
um der Nässe zu entgehen
und durch des Windes toben,
die Tropfen kaum zu sehen.

Der Wege nasser Spiegel
in glatten Pflastersteinen,
wenn kleine Trittsiegel
mit anderen sich vereinen.

Der Bürgersteig im Regen,
gespiegelt im Lampenlicht
und wie auf Wasserwegen,
ein Ausweg gibt es nicht.

Auch Würmer haben keinen
bei Regen sind sie zu sehen.
Am Boden sie sich vereinen
dem Wasser zu entgehen.

Ein Schirm kann schützen,
doch retten wird er nicht.
Wir treten doch in Pfützen,
das Bein genässt von Gischt!
So ist der Lauf der Dinge,
vom Klima auch begrenzt,
Trittsiegel sind wie Ringe
vom Dasein umkränzt.

Der Baum!

Es ist ein Baum,
ich glaub es kaum,
schon Jahre alt,
mit festem Halt.

Er ist das Haus
für viel Getier,
von Specht bis Laus,
der Umwelt Zier.

Nur was ist los,
der Baum er stirbt,
einst war er groß
und nun verwirkt?

Die Säge, Geld, Papier,
Laugen, Gift und Gase,
einst des Waldes Zier
nun Späne in einer Vase.

Es war ein Baum,
ich glaub es kaum,
nun ist er fort,
das Getier ohne Hort.

Es war ein Gehege,
mit Bäumen, Tiere, Wege,
nun sind sie weg,
welsch kahler Fleck.
Einst war der Planet
voll Samen Saat besät.
Weg der Baum, das Getier,
dann das Wasser - zuletzt wir!

Die Krone der Dummheit!

Nehmt getrost die Kettensäge,
weg den Baum für neue Wege.
Durch den Urwald kreuz und quer,
bis sich regt kein Mäuslein mehr.

Nehmt getrost die großen Netze,
um das letzte Fischlein zu hetze.
Durch das Wasser kreuz und quer,
bis sich regt keine Alge mehr.

Nehmt getrost Betonmaschinen,
wohnt zuletzt wie Ölsardinen.
Auf dem Planeten Kreuz und quer,
bis sich regt keine Seele mehr.

Nehmt getrost den Wahnsinn an,
bald ist aller Leben vertan,
auf dem Planeten kreuz und quer,
regt sich keine Zelle mehr.

Wisst ihr was ihr kleinen Spinner,
es gibt kein Sieger und Gewinner,
denn alle müsst ihr sterben.
Soll denn Dummheit sich vererben?

Das Herbstlaub
vom Wind verweht

Jetzt fällt des Baumes Laub herab
flugs wohlan in mäßigem Trab
geht es derzeit in alle Parke
als Werkzeug mit - die Laubes Harke.

Gestählt die Muskeln, so frohen Mutes
mit 1€ des Jobbers Almosens Gutes.
So wird das Laub zusammengerecht,
der Magen knurrt - das Konto schlecht.

Und so vergeht das frohe Lachen
um uns die Arbeit frei zu machen?
Mit wenig Lohn und ohne Dank
und kaltes Wetter - was macht krank.

Ob Sklaverei oder Zwangsarbeiter,
so kaum gefegt doch fällt es weiter
vom Baum das Laub bis letztes Blatt,
was keinen Wohlstand geschaffen hat.

Der Baum im Winter - oh wie kahl,
die Gier ist`s, die unsere Zukunft stahl.
Der Baum jedoch neue Blätter trägt,
im Herbste dann - vom Wind verweht.

Ob Mensch ob Blatt - im Sturm der Zeit,
wohlan denn 1 Euro Jobber seid bereit
zu gehen in all unseren Park - Anlagen
mit Freude dann - die Armut zu tragen.

Dies habe ich meinem Opa gewidmet, der im II. WK ein Auge,
seine Frau und seinen Sohn verloren hatte. Ich spielte mit
dem Glasauge, bis meine Mom und ich die DDR noch vor
Mauerbau verlassen konnten. Als Kind wollte ich sein Auge
heilen ....

Das Glasauge

Es ist gut ein Auge
aus Liebe zu geben
als aus Hass heraus
Augen zu verlieren

Denn aus sich,
in sich selbst
heraus werden alle
Dinge aus dem Nichts
in Liebe geboren
um in Liebe
zu sterben.

Das sagt die
uralte Tradition
des Lebens
die Wenige noch kennen,
geboren als Krieger
um als Krieger zu sterben
geboren als Seher
um als Seher zu sterben
geboren als Lehrer
um als Lehrer zu sterben
geboren als Heiler
um als Heiler zu sterben.

Ich bin geboren als Merlin!
Doch, vertreibt ihr den Merlin
vertreibt ihr das Leben
Kreuzigt ihr Jesus
Vertreibt ihr Euren Glauben
Vertreibt Ihr Mohamed
Vertreibt Ihr Eure Heiligen
Vertreibt Ihr Buddha
Vertreibt ihr Euch selbst
Vertreibt ihr die Naturvölker
Vertreibt ihr Eure Existenz.
Vertreibt nicht den Merlin
Niemals mit einem Stein
Denn der erste Stein
könnte Euer letzter sein.

Denn die Macht aus dem Nichts, ist Nichts gegen die Angst
mit Nichts zu Leben oder im Krieg zu sterben.

Der Merlin flog in vielen Nichts in dieser Welt. Dank an alle
die dies möglich machen und dem Glasauge.

Wer die Welt liebt sollte die Tradition wahren, mit Nichts auf
dem Weg zu dienen. Jesus wollte es Euch allen verraten er
wusste es.
Warum habt ihr ihn gekreuzigt, seinen Kopf zu haben, sodass
viele Köpfe rollen?
Damit nachher alle zum Himmel beten, gebückt und weinend
ihre Hände zum Himmel erheben.
Die das Geheimnis kennen werden schweigen auf Ewig, denn
sie sind alle, Tod!
Es ist noch nicht die Zeit ...., solange nur Götter angebetet
werden - ein jeder für sich und nicht alle zusammen mit dem
Merlin zu fliegen ins Leben, die Erde, das Leben zu achten, zu
würdigen und zu ehren!Mein Opa hob mich an auf meiner

Reise gen Westen in Richtung der Sonne, er gab mich frei,
steh auf und flieg,
kommt wieder und geh.
Uralte Tradition, nur noch in Märchen Legenden, Sagen aller
Völker erzählt, der ewige Weg, der Weg des Lebens von
Anfang an. Darum lest erst alle Märchen Bücher bevor ihr
Geschichtsbücher schreibt, denn verliert ihr beide Augen
könnt ihr nie mehr lesen.

Mit einem Auge aber noch Wunder wahr machen, selbst
wenn es aus Glas ist.
Schaut nicht in den Spiegel, er könnte zersplittern und Euch
beide Augen nehmen - dazu gehört Mut!

Nur ihr alle werdet vor Wut sterben - zu viel Wind um Nichts!
Vielleicht seht ihr dann, es geht um Macht und Nichts und
nur der Narr überlebt - er kann zaubern.
Ein alter Krieger gab mir sein im Krieg verlorenes Auge als
Erbe und er brachte mir das Lesen in einem leeren Teller und
Raum bei, in eine leere Augenhöhle zu schauen.

Und der Narr ist nach wie vor am Lachen und schaut sich mit
Merlin das langweile Spiel an, wer wird denn nun das erste
Tor schießen um die Erde in den Himmel zu treten?

Aber beide wollen darauf nicht wetten – wem wohl zuerst ein
Lichtlein aufgeht, denn vor Kerzen und Götterfunken beten
können sie Alle - der Tod ist der Grund!

Der religiöse Pokertisch!

Auf dem alten Altare
geht es um Seelenware.
Der Kelch gerichtet,
die Karten geschichtet.

Zwei Stühle gegenüber,
auf ihnen zwei Brüder.
Der Teufel auf einem
lieb Gott auf seinem.

Die Karten gemischt
als jüngstes Gericht.
Die Karten verteilt,
welch Seele wo weilt.

Die Messdiener laufen
manch Seele zu kaufen.
Den Ablass zu richten,
nach Karat zu schichten
auf dem Opferaltare.
Seelengeist als Ware.

Wohin mit den Bösen
Gott soll es einlösen,
Wohin mit den Guten
der Teufel am Sputen.

Den Opferstock geben
mit Glocken die beben.
Das letzte Blatt sticht
unserer Seelen Gericht.

Gott und Teufel lächeln
über das gierige Hecheln
von uns um ihre Gunst
eine recht einfältige Kunst.
Der Teufel kann es nicht
der Mensch will Gericht
Gott will nicht geben
denn es ist unser Leben.

Gut und Böse wir machen.
Partie zu Ende, beide lachen!
Der Mensch ist der Narr
denn es ist unser Altar
auf dem wir aufschichten
um uns selber zu richten.

Wie einst Kain oder Abel
oder die Bauruine zu Babel.

Die Fliege und Buddha!

Zu sagen Dir was die Fliege denkt
Die Fliegenklatsche ist nicht geschenkt,
sie dient laut den Fliegenflug zu stören
oder den Todesschrei zu überhören.

Ist Fliegenklatsche in Menschenhand,
wird eine Fliege zum Tod verdammt.
Ich Fliege denke nun, was soll das nur,
Todesschreien, Geklatsche auf weiter Flur.

Denn, die Fliege allein will eigentlich nur fliegen,
der Mensch sich beklatscht – will den Tod besiegen.
Darum muss er machtvoll das Leben bekriegen,
sich selbst zu beklatschen – Auf brechen und biegen.

Die Fliege fliegt im Fluge – im Flügelschlag sie denkt:
„Warum nur – denn das Leben ist uns allen geschenkt!"
Doch muss es einer Fluges Klatsche, den Tod geben,
sonst könnten wir nicht in Vergänglichkeit, Wandel leben!

Die Fliege hat Flügel und Buddha einen satten Bauch,
er konnte nicht fliegen, aerodynamisch warum, wieso auch!
Der Wege geistigen Erkenntnis lahme Flügel,
so Mensch wie Fliege beziehen weiter Prügel.
Denn wo wir Götter und Götzen schaffen
werden wir nur den Fliegenschiss begaffen.

Der Mensch ist einfach nur fluguntauglich,
weltweit seinen Kot verbreitend unglaublich.
Von eignen Latrinen sich nicht zu erheben,
die Fliegen jedoch vom Kot weltweit leben.

Der Mensch hat bald alles zugeschissen
Den Furz Vernunft geruchlos zu vermissen!
Die Fliegen müssen unsere Scheiße warten
doch Flügellos kann kein Mensch starten.
Würden wir Fliegen nach Menschenklatsche fragen
die Antwort wäre: „Zu schwer beim Fliegen zu tragen"
Der Mensch sollte sich langsam den Hintern abputzen
da flügellos Gehirn, Herz und Arme dazu benutzen!

Wurm und Buddha

Buddha fragte einst den Wurm vor Orte
„Was machst du da unten in der Erde"
Des Wurmes Antwort unterirdisch Worte:
„Die Erde umgraben damit dein Bauch werde"
„Wie redest du von meines Mittelpunkts Bauch?"
Wurmes Antwort: „Er ist fett wie die Erde auch,
wir brauchen Regen, nicht deines Bauches Segen,
Du brauchst Wortes Schirm auf deinen Wegen.
Ich bin nur ein kleiner Wurm,
der im Regen sogar ertrinkt
Deiner Worte Bauch kein Turm
für mich nur Mutter Erde winkt!"
Buddha schwieg denn auch er kann ertrinken
des Wurmes irdischer Himmel wird ihm dann winken!
Um nach des Schweigens Tod zu fragen:
„Du Wurm was willst du Buddha damit sagen?"

„Nun Buddha hast Du nicht vernommen,
noch keiner ist vom Tod zurückgekommen.
Wenn nicht ich wer soll es wissen
denn ich bereite Dein Ruhekissen.
Deine Worte werden zwar bestehen
mein Mahl jedoch ist dein vergehen!"
„Nun kleiner Wurm werde nur nicht frech
mein Bauch vielleicht durchaus dein Pech."

Der Wurm am Lachen: „Was für ein Glück,
je fetter umso größer für alle das Stück!"

Der Stuhl

Hat vielerlei Zweck und Sinn
komm setzte dich zu mir hin:

Es gibt ihn an einer Tafel
im Rathaus für Geschwafel
Thron für Könige und Pfaffen
im Zirkus Künstler zu begaffen
als Schleudersitz in der Luft
am Totenbett vor der Gruft.

Als Feuerstuhl auf der Straße
zum Sonnen auf einer Terrasse
gestylt für jeden Po und Hintern
weich gewärmt zu überwintern
fest im Raum als Chefsessel
als Folterstuhl für die Fessel.

Der Stuhlgang als stiller Ort
Gottes Thron als Kinderhort.
Der Stuhl hat Sinn und Zweck
für Babys mit Schlabberfleck.

Ob mit oder ohne Sitzkissen
ein Stuhl hat kein Gewissen
er muss nur Ärsche ertragen
und machen Flatus erfahren!

Die verlorene Socke!

Es ist wie mit Beziehungen, verbunden,
schnell einer dann verschwunden.
Im Schritt sie auseinander gehen,
im Gegenschritt sich wieder sehen.

Doch oft kann es passieren,
die andere Socke zu verlieren.
Ist sie nun im Sockenhimmel
oder im Waschtrommel Gewimmel?

Wo ist sie nur geblieben,
vielleicht in Fuselsieben?
So sehr wir auch suchen,
mit Verzweiflung uns verfluchen,
das schöne Paar nun getrennt
ein nackter Fuß alleine rennt!

Im Schweiß gebadet, nicht trocken,
weint man über den verlorenen Socken.
Die verlorene Socke selbst nicht winkt,
der Fuß im Scheiße nun alleine stinkt.

Vielleicht haben wir nur vergessen,
der Fürsorge Fälligkeit zu bemessen.
Wenn Socken uns verlassen,
sollten wir besser aufpassen.
Wohin wir denn nun gehen,
um uns und Socken
wieder zu sehen!

Der Stadtstreicher

Ich geh wie immer
durch die Straßen
Nachts im Dunkeln
allein gelassen.

Nächtlicher Schimmer,
oder tags wie immer
auch gottverlassen
durch alle Gassen.

Mit frierendem Herzen
und hungrigen Schmerzen
alle Träume verlorenen
schon als geboren.

Ich geh wie immer
durch diese Welt
auf mich alleingestellt,
doch wo ist meine Welt?

Alleingelassen im Glimmer
einer glänzenden Welt
in all der Herzens Kält!
Ich geh wie immer
auf vielen Wegen,
Sommer und Winter
ausgestoßen
alleingelassen

Das Opium!

Das Opium der Saft der Götter.
Und doch ein Teufel der Spötter,
fällt man auf Religionen herein,
kommt mit Macht der Satan rein.

Ob Entzug oder Ablasshandel,
erkannt erst im Geschichtenwandel
erhebe ich was zum Reich der Götter,
ist Elend Not der alleinige Spötter.

Krieg Frieden oder Gut und Böse,
ein langer Weg der uns erlöse.
Erkenntnis vielleicht oder erkennen,
in uns selbst wir uns verrennen.

Das Opium nicht gut nicht böse,
eine Pflanze nur für die Geldbörse.
Fall ich auf Geld auch herein:
„oh Gott ich armes Schwein"

Drum lacht der Teufel oder Gott,
über 8000 Jahre derselbe Trott.
Ich kann auch eine Flasche nehmen,
eigentlich alles zum Gott erheben.

Es gibt nur Götter die wir uns schaffen,
aus Angst zu klein uns zu begaffen.
Um die Schöpfung zu verstehen,
sollten wir uns selbst besehen!

Die Welt so groß ich so klein:
„oh Gott ich armes Schwein".

Ich so groß die Welt so klein:
„oh Gott ich noch ärmeres Schwein".

Die Schöpfung hat uns geschaffen,
von Anfang an uns zu begaffen.
Sieh was wir hinterlassen haben,
Gott Mensch und keine Gaben!

Die Schöpfung hat das Opium geschaffen,
damit wir unsere Gier begaffen.
Ob Nirwana und Gott oder Opium
mein Gott/Mensch war ich dumm!

Nun weine dich in das Nirwana.
Ich bin allein für mich jetzt da.
Ich armes Schwein:
„wen lass ich jetzt rein".!?

Rasend durch die Welt

Ich hoffte in jenen Stunden
einmal die Welt zu erkunden
drum ging ich einst fort
an einem anderen Ort
nicht das zu versäumen
was entsprang meinen Träumen
rannte ich durch die Welt
suchend nach Glück und Geld
doch ich fand nicht, dass
denn ich ging mit Hass
um glücklos zu streben
nur hastend durchs Leben.

So vergingen die Jahre
in verzweifelter Starre
meine Seele war verloren
da Verzweiflung geboren
so ging ich sehnsüchtig dann
damit mein Untergang begann
um Wärme zu spüren
durch falsche Türen
und in jenen Tagen dann
meine Ohnmacht begann
meine Träume waren verschwunden
ohne die Welt zu erkunden,
diese wurde kleiner jeden Tag
doch ich entging diesem Sarg
ich bin nicht auferstanden
hab nur das Träumen neu angefangen
.....
und fand Jenen noch einmal
denn ich träumte zweimal
ein Traum für diese Welt
in Frieden aufgestellt!

Die Zeit ist gekommen zu gehen!

Es kommt die Zeit an Vergangenem zu denken,
es kommt die Zeit die Gegenwart zu beschenken
und es kommt die Zeit um die Zukunft zu lenken.

Es kommt die Zeit für jeden erdenklichen Schritt.
Ob im Alter in der Jugend oder in der Lebensmitt
und auch die Zeit zum ersten oder letzten Auftritt.

Es kommt die Zeit zu lernen und zu verweilen,
auch die Zeit zu rasten, schlendern oder eilen
und somit Zeit Ankunft oder Abschied zu teilen.

Es kommt die Zeit zu nehmen oder zu geben,
es kommt auch die Zeit für sich allein zu leben
und so die Zeit nach Verbundenheit zu streben.

Es kommt jede Zeit, diese zu seiner Zeit zu ernennen,
an uns liegt es unsere eigenen Zeitpunkte zu erkennen
oder den Reiseweg unsere Ziele und Orte zu benennen.

Es ist die Zeit Abschied zu nehmen und zu besehen.
Die Zeit für die Abreise zu neuem Abschied verstehen,
der einmalige Moment da zu sein in der Zeit zu gehen.

Es hat die Zeit das Erinnerungs Dasein uns gegeben
damit die Zeit kommen kann für uns alle zum Leben.
Es ist die Zeit gekommen zum Neubeginn zu streben.
Abschied wird uns gegeben, nichts wird genommen
nur angelangt an der Zeit zu gehen gekommen!

The End *August 2024 Berlin*